헬렌 켈러와 앤 설리번

헬렌 켈러와 앤 설리번

© 아라 & 폴, 2015

1판 1쇄 인쇄 __ 2015년 05월 20일
1판 1쇄 발행 __ 2015년 05월 30일

각색·그림 __ 폴드랑·강하나
채색 __ 안경숙
펴낸이 __ 양정섭

펴낸곳 __ 작가와비평
　　　　등록 __ 제 2010-000013호
　　　　블로그 __ http://wekorea.tistory.com
　　　　이메일 __ mykorea01@naver.com

공급처 __ (주)글로벌콘텐츠출판그룹
　　　　대표 __ 홍정표　디자인 __ 김미미　편집 __ 김현열 송은주 신은경　기획·마케팅 __ 노경민
　　　　경영지원 __ 안선영
　　　　주소 __ 서울특별시 강동구 천중로 196 정일빌딩 401호　전화 __ 02-488-3280　팩스 __ 02-488-3281
　　　　홈페이지 __ www.gcbook.co.kr

값 12,000원
ISBN 979-11-5592-145-6 03990

헬렌 켈러와
앤 설리번

폴드랑·강하나 각색·그림 / 안경숙 채색

작가와비평

content

산업혁명이 한창이던 18세기의
유럽은 온통 새로운 시대에 대한
꿈과 열망으로 가득했다.

하지만 아일랜드
만큼은 달랐다.

그 당시 아일랜드에는 20년이 넘도록
끔찍한 흉년이 계속되었다.

가난한 농부들은 혹독한
가뭄으로 더 이상 농사를
지을 수 없게 되었다.

삶의 유일한 터전이었던 농지마저 모두 잃은 그들에게는 절망뿐이었다.

고향을 버리고 산업혁명이 한창이던 미국으로 건너가 새로운 일자리를 얻는 것만이 그들에게 남은 유일한 희망이었다.

1860년대 초, 토마스 설리번과 앨리스 설리번 부부는 그렇게 조국 아일랜드를 뒤로하고 기회의 땅 미국으로 향했다.

다행히 농부였던 토마스는 매사추세츠 주의 피딩 힐스라는 농장마을에서 어렵지 않게 일자리를 구할 수 있었다.

토마스는 아내 앨리스와 함께 그곳 피딩 힐스에 정착하여 열심히 일했다. 하지만 낯선 땅에서의 생활은 쉽지 않았다.

한동안 설리번 부부는 그곳에서 외롭고 힘든 나날을 보냈다.

얼마 지나지 않아 많은 아일랜드
출신의 이주민들이 일자리를 구하기
위해 피딩 힐스 마을로 모여들었다.
어느새 피딩 힐스는 아일랜드
이주민들로 가득찼다.

설리번 부부는
조국 아일랜드를 떠나온 뒤
그곳 피딩 힐스에서
처음으로 행복한 시간을
보냈다.

1866년 4월 14일,
설리번 부부의 첫 아기가
태어났다.
여자 아이였다.

아기의
이름은?

불행의 그림자

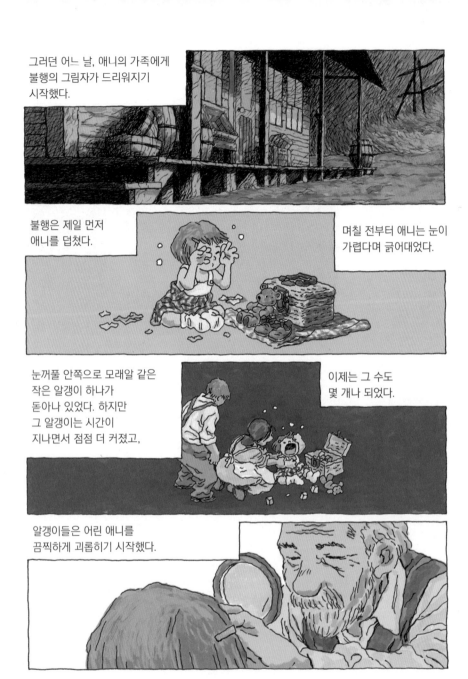

그러던 어느 날, 애니의 가족에게
불행의 그림자가 드리워지기
시작했다.

불행은 제일 먼저
애니를 덮쳤다.

며칠 전부터 애니는 눈이
가렵다며 긁어대었다.

눈꺼풀 안쪽으로 모래알 같은
작은 알갱이 하나가
돋아나 있었다. 하지만
그 알갱이는 시간이
지나면서 점점 더 커졌고,

이제는 그 수도
몇 개나 되었다.

알갱이들은 어린 애니를
끔찍하게 괴롭히기 시작했다.

과립성
결막염…

의사는 차마 그 말을
꺼낼 수가 없었다.

트라코마(과립성 결막염)!!
그것은 무서운 병이었다.
이 병을 치유하기 위해선
엄청난 수술비가 필요했다.
무엇보다도 신선한 야채와
고기를 충분히 섭취해야만 했다.

그럴 돈이
있었다면

애당초 이런
병에 걸리지도
않았을 테지.

그랬다.
트라코마는 가난한
이들에게만 생기는
그런 병이었다.

두 번째 불행이 애니의 가족을 덮쳤다.
엄마, 앨리스였다.

결핵이었다.

앨리스는 날이 갈수록
기침이 심해졌다.
어느 날, 굳이 의사를
찾아갈 필요도 없이
자신의 병명이 무엇인지
알게 되었다.

끔찍한 날들이 계속되었다.

불행은 그렇게 설리번 가족을
걷잡을 수 없이 무너뜨려갔다.

어느 날 저녁,
앨리스가
남편 토마스에게
힘없는 목소리로
말을 꺼냈다.

여보…

둘째 아이를
가진 것 같아요…

언제쯤 태어날
것 같소?

올 겨울이요.
아마 크리스마스 무렵일 거예요.

크리스마스
선물인가 보군.

애니의 남동생 지미는
1869년 1월에 태어났다.

하지만 무엇인가 크게
잘못되어 있었다.
지미는 결핵성 관절염에 걸린 채
태어났던 것이다.

앨리스는 날이 갈수록
야위어 갔다.

훗날, 사람들은 애니에게
엄마가 무척이나 활달한
성격에 웃음도 아주
많았다고 이야기해주었다.

하지만 애니의
기억 속에는 언제나
창백한 얼굴로
말없이 앉아 있던
엄마의 모습만이
아프게 남아 있었다.

그때까지만 해도 토마스는
희망을 놓지 않고 있었다.

가족을 괴롭히는 불행을
어떻게든 참고 견뎌내면
다시금 행복해질 수
있을 거라고 믿었으며

언젠가는 꼭 식구들
모두 데리고 고향
아일랜드로
돌아가리라 다짐한
토마스였다.

네가 좀 더 크면 우리 모두 아일랜드로 돌아가자꾸나.

그리고 쉐넌 강물로 네 눈을 씻는 거야, 그러면 네 눈도 더 이상 아프지 않을 거다.

쉐넌 강물은 세상에서 가장 좋은 약이란다.

그런데 자상하기만 했던 토마스가
변해 가기 시작했다.

눈덩이처럼 부풀어 가는
빚더미 앞에서 토마스는
어찌해야 좋을지 몰랐다.

견딜 수 없는
절망의 날들이
계속 되었다.

결국 토마스는 술을
입에 대기 시작했다.

술에 취해
집에 돌아오는
날들이 점점 더
늘어만 갔다.

22

그런 가운데에도
앨리스는 망가진 몸을
힘겹게 추스르며 지미를
돌보아야 했다.

이제 앨리스에게는 애니를 챙겨 줄 여력이 없었다.

나날이 악화되어 가는 눈병으로
점점 더 앞을 보지 못하게 된 애니였지만
어쩔 수 없이 엄마의 손길에서
멀어질 수밖에 없었다.

난생 처음 접하는 어떤 것이
애니를 무섭게 덮쳐왔다.
외로움이었다.

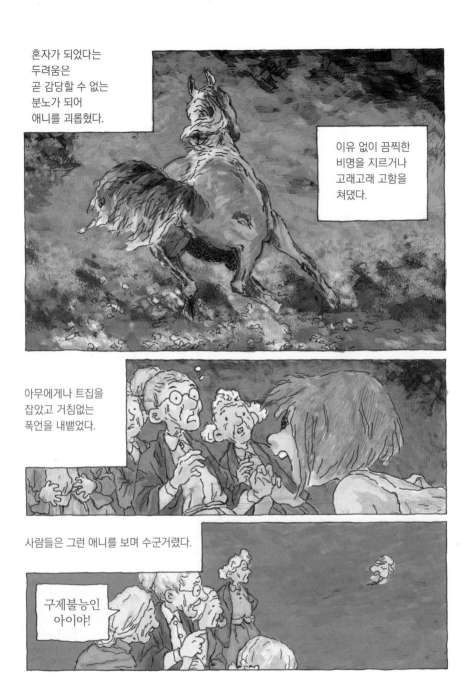

혼자가 되었다는
두려움은
곧 감당할 수 없는
분노가 되어
애니를 괴롭혔다.

이유 없이 끔찍한
비명을 지르거나
고래고래 고함을
쳐댔다.

아무에게나 트집을
잡았고 거침없는
폭언을 내뱉었다.

사람들은 그런 애니를 보며 수군거렸다.

구제불능인
아이야!

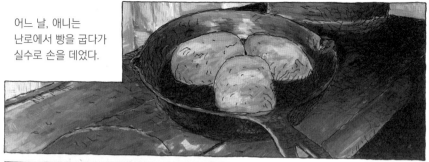

어느 날, 애니는
난로에서 빵을 굽다가
실수로 손을 데었다.

자기 실수라는 것을 알고 있었지만,
애니는 치밀어 오르는 화를
참을 수 없었다.

애니…

애니의 신경질적인 반응은
더욱 더 심해져 갔다.

홀로 남겨진 애니

애니의 신경질적인 반응은
더욱 더 심해져 갔다.

또 한 해를 지냈다.

하지만 불행은 결코 쉽게
떨어지지 않았다.

지미는 점점 더
심하게 다리를
절었고,

애니의 눈병도 더욱 악화되었다.

앨리스의 건강은 이제
그 한계에 달했으며

토마스는 밤낮으로
술에 취해 있었다.

그러던 어느 날,

끝내 앨리스는 쓰러지고 말았다.

앨리스를 떠나 보내고
술주정뱅이 토마스와
남겨진 아이들을 어떻게
해야 할 것인지를
의논하기 위해

설리번 일가의
가족회의가
소집되었다.

아주머니뻘 되는
엘렌 설리번이
지미를 맡겠다고
했다.

문제는 애니였다.

논쟁 끝에 존과 스태시아 부부가
선택 되었다.

그들에게는
돈이 있었다.
규모는 작지만
수입이 좋은
담배 농장을
가지고 있었다.

존, 당신네가 저 골칫덩이를
책임져야 겠소.

어째서
우리입니까?
우리도 살기
빡빡합니다!

애니의 상황은
결코 쉽지 않았다.

애니는 오직 자신의
생각대로 행동했다.

누군가가 자신을
간섭하면 무섭게
대들었다.

정말 신기한 일 아니오?
집 안에서는 못된 망아지처럼 날뛰기만하는 아이가
참새한테는 그렇게나 인내심 많고
친절하기만 하다니,
나 참……

금발인형

금발인형

그 일이 벌어진 건
크리스마스 때였다.

존과 스태시아는
크리스마스 선물을
준비해 거실 한쪽에
쌓아 놓았다.

그리고 아이들에게
크리스마스가 되기 전까지는
아무도 거실에
들어가지 못하게 했다.

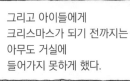

하지만 애니는
마음내키는 대로
거실을 드나들었다.

애니는 그곳에서 금발머리의
예쁜 인형을 보았다.

마음에 들었다.

애니는 오직 그 인형만
들여다보며 놀았다.

그 인형은 자기에게 줄
크리스마스 선물일 거라고
생각했고, 곧 자신의 것이
될 거라 믿게 되었다.

크리스마스가 되자
온 가족이 거실에 모여 앉았다.

산타클로스로
분장한 존이
아이들에게 선물을
나눠주기 시작했다.

애니는 오직 금발인형이
자신의 팔에 안길 순간만을
기다리고있었다.

마침내 존이
그 인형을 집어 들었다.

하지만 존은
그 인형을
다른 아이에게
건네주었다.

애니에게도
선물 하나를 주었다.

크리스마스는
엉망이 되고 말았다.

존과 스태시아도
더 이상 참을 수가 없었다.

설리번 일가의 두 번째
가족 회의가 소집되었다.

일가친척 모두는 할 말을 잃고 말았다.

엘렌 아줌마는
지미를 돌보느라
많은 약값이 들었다며
하소연했다. 하지만
누구도 지미를 책임지겠다고
나서지 않았다.

애니를 맡겠다고 나서는
사람은 더더구나 없었다.

그날 밤, 애니와 지미를
보낼 곳이 정해졌다.

창밖에는 어느새 아침노을이
짙게 깔리고 있었다.

낯선 여행

"잘됐어!!"　　　　"어디로 가는지 그딴 건 상관없어!!"

"지미랑 함께 있을 수
있으면 그걸로 된 거야."

늘 이곳을 떠나고
싶어 했던 애니였다.

애니는 하루 종일
마차가 나타나기만을
기다리고 있었다.

"잠시 후면 저 길을 따라
지미를 태운 마차가
달려올 거야."

애니는 그때까지 마차를
딱 한 번 타 보았다.
엄마의 장례식 날이었다.

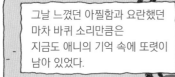

그날 느꼈던 아찔함과 요란했던
마차 바퀴 소리만큼은
지금도 애니의 기억 속에 또렷이
남아 있었다.

"마차는 어디쯤 오고 있을까?"

누나, 나야~지미!!

지미가 왔다.

몇 달 만에
보는 동생이었다.

하지만
지금 이 순간,

애니의 눈에는 자신을
데리고 갈 마차만이 가득했다.

너와 네 동생을 데려다 주실 아저씨란다.

애니, 어서 인사드려야지.

애니는 문득 남동생 지미도 함께라는 사실을 깨달았다.

안녕, 누나!

안녕, 지미!

헤~

잠시 후, 애니는 다시는
돌아오지 않을 길을 떠났다.

그리고 애니는 단 한 번도
뒤돌아보지 않았다.

이야, 누나!

백조다, 백조!!

가족 모두
나들이 나왔나 봐,
헤헤~

와~ 저기
저 집들 좀 봐!!

어디?

굴뚝이
네 개씩이나 있어.
뭐 하는데야??

이제 눈병은 웬만큼
회복된 애니었지만

시력은 거의
잃어버린 상태였다.

애니의 눈앞에는
언제나 처럼 짙은 안개만이
가득할 뿐이었다. 모든 것이
흐릿해 무엇 하나 제대로
볼 수가 없었다.

애니는 왠지 슬펐다.

지미는 뭐가 그리
신이 났는지
가는 내내 쉼 없이
조잘대었다.

애니에게 기차여행은 무척이나 흥미로웠다.

하지만 얼마 지나지 않아 그 흥분도 금방 시들해졌다.

아야야…

누나, 너무 아파~

엄마!!

네 동생이
왜 이러는 게냐?

결핵 때문이에요.

아야...

엉덩이 쪽에 주먹만한 혹이 있거든요.

엄마도 그 병으로 돌아가셨어요.

결핵으로 다리를 절고, 시력이 나빠 앞도 제대로 보지 못하는 어린 오누이의 모습을 헨리 씨는 한동안 말없이 지켜보았다.

그리고 자신의 최종 목적지가 그를 더욱 참담하게 했다.

아침 해가 떠오르기 시작할 무렵,

기차는 턱스베리 역에
도착했다.

역 광장 한편에서 마차 한 대가
헨리 일행이 도착하기만을
기다리고 있었다.

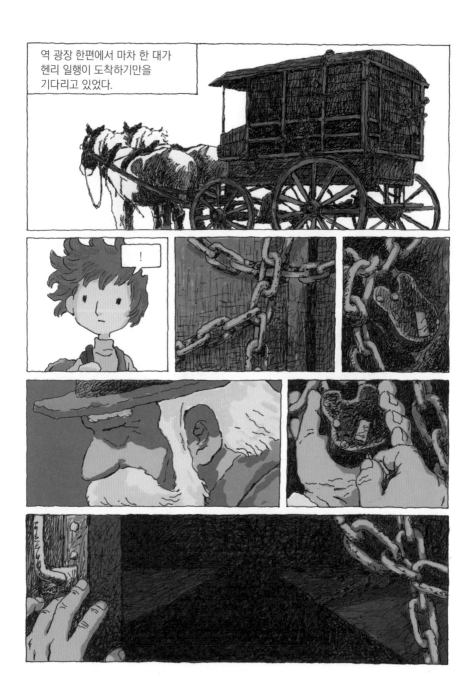

헨리 씨의 표정이 잔뜩 일그러졌다.

도둑이나 살인자들을 감옥으로 보낼 때
사용하는 마차에 저 어린 것들을 태워 보냈다는
사실이 못내 마음 아팠기 때문이었다.

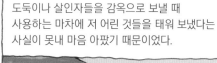

그래, 돈이 없으니
어쩔 수 없는 노릇인 게지.

턱스베리 빈민 구호소

1876년 2월 22일,

애니는 마침내 최종 목적지에 도착했다.

그곳은 매사추세츠 주립요양원이었다.
사람들은 이곳을 '턱스베리 빈민 구호소'라고 불렀고

줄여서 '턱스베리'라고 했다.

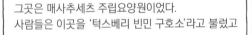

어서들 오너라.

그래,
너희들이 설리번
오누이인게로구나.

그렇지?

...

이런, 티모시!
벌써부터 준비해둔 겐가?

사실,
애니는 자신의 생일이 언제인지
알지 못했다.

밤하늘을
가득 메웠던 폭죽과
맛있는 아이스크림을
먹었던 독립기념일이
문뜩 떠올라,
엉겁결에 그 날짜를
둘러대었다.

7월 4일이라~
태어난 해는?
여덟 살인가,
아니면 아홉 살?

아하~ 나이만큼은 꼬마 아가씨만의 비밀?

좋아! 팀, 퀴즈를 풀어볼까?

흐음~

여덟 살쯤 되었겠구나.

틀렸다.

애니는 보통의 아이들보다 키가 작아 어려 보일 뿐, 오는 4월 14일이면 만 열 살이 되는 나이였다.

이제 네 동생 차례구나, 이름이 뭐지?

턱스베리 빈민 구호소에는
간호사도 없었고, 의약품도
거의 준비되어 있지 않았다.

어쩌다 한번 찾아오는
의사 한 분이 대충
살펴보는 게 고작이었다.

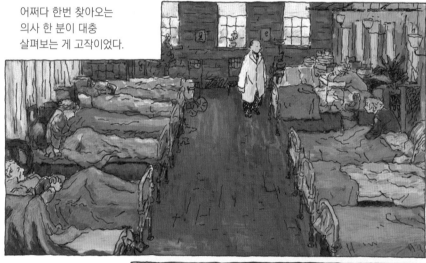

그곳에 수용된 사람들은
대부분 나이 들고
의지할 데 없는
가난한 이들이었다.

턱스베리 빈민 구호소   **69**

그들은 이미 오래전에
잊혀진 사람들이었다.
누구도 그들을 위해 이곳
턱스베리를 찾지 않았다.

애니와 지미도 이제
그런 사람들 중
하나가 된 것이다.

숙소 안에는 늙고 쇠약한
노인들로 가득했다.
그들은 마치 당장이라도
부서져 내릴 오래된
석고상 같았다.

생기라고는 도무지
찾아볼 수 없었다.

그런 그들이
애니의 마음에
들 리 없었다.

하지만 애니는
그들 가운데 두 사람과는
금방 가까워졌다.

한 사람은
루시라는 할머니였다.
눈이 멀어 아무것도 볼
수 없었지만 애니에게
재미난 이야기를
자주 들려주었다.

다른 할머니의 이름은
매기였다. 관절염 때문에
몸을 움직이는 것이 무척
힘들어 종일 침대에만
누워 지냈다.

몸을 움직이고 싶을 때면 늘
애니를 불렀다.

애니는 언제나
매기 할머니의
손과 발이 되어
주었고

보답으로
매기 할머니는
책을 읽어주었다.

매기 할머니는 애니에게
몇 달 동안 많은 책들을
읽어주었다. 그럴수록
글을 배우고 싶은 애니의
마음은 자꾸만 커져갔다.

애니는 턱스베리의 생활이
마음에 들었다.

루시 할머니와 매기 할머니가
있어서 좋았고,
무엇보다 지미와 함께
있을 수 있어서 좋았다.

또한 이곳에는 자신을 간섭하고
통제하려는 이가 없었기에
싸울 일도 없었다.
애니의 과격한 성격도 조금씩
누그러들기 시작했다.

턱스베리에
겨울이 찾아왔다.

애니와 지미의
놀이터는 이제
따뜻한 숙소 안으로
옮겨졌다.

숙소 안 한구석에는
작은 방 하나가 있었다.
임시 영안실이었다.

하지만 애니와 지미에게는
더없이 좋은 놀이방이었다.

어느 날,
애니는 한쪽 구석에서
책 꾸러미를 발견했다.

울어 버리렴 애니야

4월의 햇살이 어느새
턱스베리의 들판에도
내려 앉았다.

하지만 결핵성 관절염에
시달리던 지미의 건강은
오히려 더욱 나빠졌다.

목발 없이는
이제 한 걸음도
뗄 수 없었다.

그런 지미의 곁에 언제나
애니가 있어 주었다.
옷을 갈아입거나
밥을 먹을 때도 애니는
온 마음을 다해
어린 동생을 보살펴 주었다.

하느님!
제 눈은
아무래도 좋아요.

지미가 다시 걸을 수
있게 도와주세요.

76

애니는 한시도 지미의 곁을
떠나지 않았다. 끊임없이
이야기를 들려주었고,
먹을 것을 챙겨 주었으며,
지미가 잠들 때까지 팔과 다리를
쉬지 않고 주물러 주었다.

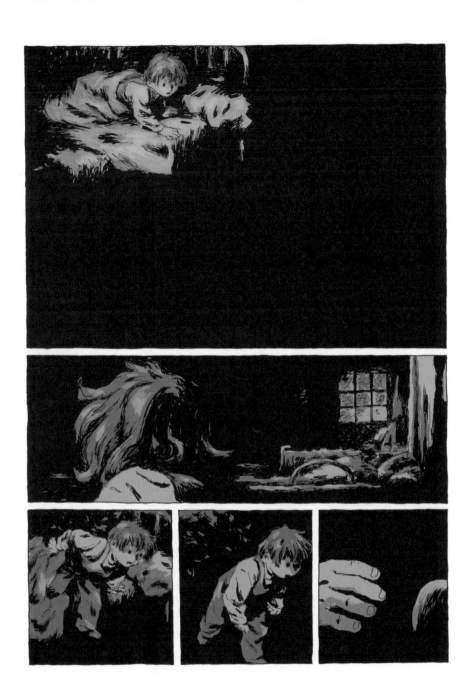

애니야,
울어 보렴.

눈물을
흘리고 나면
마음이 한결
편해진단다.

울어 버리렴, 애니야…

방문객

지미가
하늘나라로 떠난 후,
애니는 오직
한 가지 생각뿐이었다.

언젠가 반드시
이곳을 떠나고 말 거야!

사실 턱스베리를
나가는 것은 자유였다.

하지만 바깥세상에서
살아 간다는 것이 얼마나
어려운 일인지 애니는
잘 알고 있었다.

머물 집이 있어야 했고,
돈을 벌 일자리도
구해야만 했다.
하지만 바깥세상의
사람들은 누구도
애니를 원하지 않았다.

애니는 눈도 잘 보이지
않았을뿐더러 글도
읽을 줄 몰랐다.

애니는 어떡하든
글을 배우고 싶었다.

어느 날,
루시 할머니가
애니를 불렀다.

앞도 제대로
보지 못하는
네가 글을
배운다는 게…

그리 쉽지는
않겠지만 그래도
이 얘기 만큼은
네게 꼭
해 주어야겠다
싶구나.

혹시 앞 못 보는
이들을 위한
특수 학교가
있다는 소리
들어봤니?

그곳에
가면 저도
글을 배울 수
있나요?

글쎄다,
네가 그 학교에
들어갈 수만 있다면……

말도
안돼요!

할머니도 알고 있잖아요!!

이런 눈으로
어떻게 글을
배울 수
있겠어요!!

눈이 아니다,
얘야.

그날 이후,
애니는 자신이 가야 할
곳이 있음을 알게 되었다.

이보게들,
사람들이
왔구먼~

에구~ 한동안 또 시끄러워 지겠구먼.

쓸데없는 짓이지.

법석만 떨었지 바뀌는 게 뭐 있었남?

그러니께 말이여, 말만 번드레 해 가지고선~

그 사람들한테 쥐나 좀 잡아주고 가라고 혀, 시끄러워서 당최 잠을 못자겠어.

대부분의 경우, 세상사람들은 턱스베리의 버려진 이들의 삶을 까맣게 잊고 지냈다.

하지만 아주 가끔씩 바깥세상 사람들이 이들을 찾았다.

턱스베리의 상황이 아주 심각할 경우였다.

1880년, 그들이 찾아왔다.

1875년, 그 해 턱스베리에서 태어난 아기는
80명이나 되었지만 그 중 겨우 10명만이 살아남았다.

턱스베리는
그런 곳이었다.

프랭크 샌본이라는
사람에게 한번
얘기해보려무나.

그분이라면 혹시
너를 도와줄지도
모르겠구나.

바깥세상 사람들이
턱스베리의 이곳 저곳을
돌아다니며 상황을 살피기
시작했다.

비록 짧은
시간이었지만
이들에겐 바깥세상
소식을 접할 수 있는
유일한 시간이었다.

애니는 그들을 하루 종일 쫓아다녔다.

애니! 애니!

연락이 왔단다!
너를 데려가겠다는구나.

프랭크 샌본 씨가 애니를
맹인학교에 입학할 수 있게
주선해 주었다.

이제 이곳을
떠날 수 있게 되었다구!

1880년 10월 3일,
애니 설리번은 그토록 바라던
꿈을 향해 달려가고 있었다.

퍼킨스 맹인학교

애니는 보스턴 근처에 있는
퍼킨스 맹인학교에 입학했다.

하지만 학교생활은
결코 쉽지 않았다.

애니는 벌써
열네 살이나 되었지만,
아는 게 거의 없었다.

읽고 쓰기뿐만 아니라,
기초적인 셈도 할 줄 몰랐다.

어쩔 수 없이 애니는
자신보다 한참 나이
어린 아이들 틈에 끼어
공부해야만 했다.

아이들도 그런 애니를
달가워하지 않았다.

꺽다리~

꺽다리, 어디 가?

아이들은 기회가 날 때마다
꺽다리라고 부르며 놀려댔다.

이것들을 그냥!!!

애니는 아이들과 싸우지
않으려고 어떻게든 참았다.

애니는 맹인용 문자인
점자를 열심히 배웠다.
이제는 손가락 끝으로
점자를 더듬으며 글을 읽고
쓸 수 있게 되었다.
하지만 맞춤법 만큼은 엉망이었다.

애니는 맞춤법 따위
몇 개 틀려도
아무상관 없다며
신경 쓰지 않았다.

자신이 말하고자 하는 뜻을
다른 사람이 이해할 수 있다면
맞춤법은 그다지 중요하지
않다고 생각했다.

애니는 보다 많은 단어를
배우고 싶었기에 틀려도
그만인 것 같은 맞춤법
맞추기에 소중한 시간을
허비하는 것이 너무
아까웠다.

선생님도 처음에는
그런 애니를 이해하고
지켜보며 조금씩
고쳐나가길 바랐다.

선생님은 애니가 쓴 글을 직접
큰 소리로 읽게 했다. 맞춤법에 어긋나는 글자가
나올 때마다 틀린 부분을 하나하나 지적했다.
아이들은 배꼽이 빠져라 웃어 댔다.

화가 났지만 오직
글을 배워야 한다는 생각에
애니는 겨우겨우 참았다.

그렇게 몇 주일이 지나갔다.

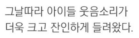

그날따라 아이들 웃음소리가
더욱 크고 잔인하게 들려왔다.

애니는 더 이상
참을 수가 없었다.

그래,
실컷들 웃어라.

이 멍청이 같은 놈들아!

무슨 짓이냐,
애니!

당장 복도에 나가
앉아 있거라!!

다시는 그렇게 버릇없이
굴어서는 안 돼, 알겠니?

하지만
선생님이 먼저…

그렇지 않아, 애니.

학생들을 통솔해야하는
선생님 입장도
있는 거란다.
어서 가서 잘못했다고
사과드리렴.

하지만 애니는
교장 선생님의 말씀도
듣지 않았다.
잘못은 선생님께 있다며
고집을 꺾지 않았다.

저 아이는 너무 거칠고 다루기가 힘들어요.

이래서는 아무것도…

지금 저 아이에게 필요한 건…

따뜻한 사랑과 관심이라고 생각합니다.

저 아이를 이대로 돌려보내게 된다면

그건 우리 모두의 실패일 거예요.

제게 저 아이를 맡겨 주세요.

애니에게 또 한 번의 기회가 주어졌다.

열심히 해야
한단다, 애니.

글을 배우면 편지도 쓰고.

꿈을 이루거라, 애니.

다시는 이곳으로
돌아오지
않도록 해라.

내 말 알겠지?

응!

이익!!

제기랄!!

철벙!!

돌아가지 않아요,
톰 아저씨!!

하지만 애니는
좀처럼 바뀌지
않았다.

여전히 거침없이 말하고
마음대로 행동했다.

하지만 무어 선생님은
그저 말없이 애니를 지켜 볼 뿐

단 한 번도 야단을
치거나 애니의 거친
행동을 통제하려
하지 않았다.

무슨 짓을 하건 한결같이
다정히 대해 주시는
무어 선생님이었다.

몇 달의 시간이 더 흘러
애니의 마음이 흔들리기
시작했다. 마침내
무어 선생님의 방식이
고집불통 애니를 무너뜨렸다.

비로소 애니는 자신의 행동이
얼마나 어리석었는지를 깨달았다.

애니가 변하기
시작했다.

맞춤법은 물론이고,
그토록 거칠기만 했던
애니의 행동들도 하루가
다르게 변해 갔다.

죄송했습니다.

무어 선생님이 자신에게 베풀었던
것처럼 도움이 필요한 아이들에게
도움을 줄 줄도 알게 되었다.

또한, 불 같던 애니의 성격도 조금씩
사그러들어 화가 나도 참을 줄 알게 되었고

함께 어울리는
법도 알았다.

아이들도 그런 애니를
좋아하게 되었고 애니와
함께 놀고 싶어했다.
마침내 애니에게 친구가
생긴 것이다.

턱스베리를 떠난 이래
처음으로 애니는
사람들과의 어울림 속에서
즐거움을 알았다.

방학이 시작되면 다른 학생들은 기숙사를 떠나
모두 집으로 돌아가 가족과 함께할 수 있었지만 애니는 달랐다.
애니는 턱스베리에서 위탁한 학생이었기 때문이었다.
턱스베리의 톰 아저씨는 방학 동안이라도 애니가 돌아오는 것을 원치 않았다.
애니 역시 턱스베리에는 가고 싶지 않았다.
그렇다고 아무도 남아 있지 않은 학교에 혼자 있을 수는 없었다.

애니는 일자리를
구하기로 마음 먹었다.

애니는 보스턴 남부 지역의
어느 하숙집에서 허드렛일을
맡아 하게 되었다.

제 모습도 볼 수 있어요

애니는 그 집에 하숙하고 있던 자신과 비슷한 처지의 한 학생과 친해졌다.

의사에게 가본 적은 있고?

응, 그것도 여러 번~

잘 안됐던 거니?

응.

실력 좋은 안과 의사 한 명 알고 있는데 소개해 줄까?

됐어.

한번 찾아가 보기라도 하자.

됐다니까.

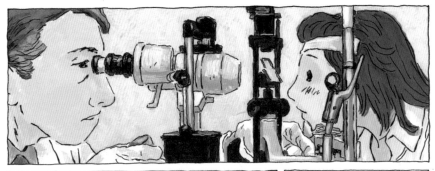

역시 상태가 매우 좋지 않습니다.

하지만 가능성은 있습니다.

수술합시다.

물론 한 차례의 수술만으로 뭔가를 기대할 상황은 아닙니다. 여유를 가지고 장기적으로 치료해 가는 것이 중요합니다.

그러니 앞으로 1년 동안 꾸준히 치료를 받도록 하십시오.

딱히 눈이 좋아질 거라는 희망은 없었지만 그렇다고 수술을 마다할 이유도 없었다. 애니는 방학이 끝난 후에도 브래드포드 박사를 찾아가 꾸준히 검진과 치료를 받았다.

어느새 일 년이 지나고,
오늘은 애니의 두 번째 수술날이었다.

풀 냄새.

뭐죠? 그거.

에테르 입니다.

새로 개발된 마취제지요.

천천히 숨을 들이 마셔요. 그래요, 그렇게 천천히.

하나… 두울… 세엣…

지미?

됐습니다.

애니 양,
천천히 눈을 떠 보세요.

보여요…

제 모습도 볼 수 있어요.

앞을 볼 수 있게 된 애니는
새학기가 시작되면서 일손이 부족한
선생님들을 도왔다.

선생님들의 편지 심부름을
하거나, 그 밖의 여러 가지
잔심부름을 도맡았다.

틈틈이 아이들도 챙겨주었다.
애니는 특히나 어린 아이들에게 관대했다.
아이들의 고민거리도 들어주고 친구도 되어 주었다.
아이들에게 애니는 이제 선생님과도 같았다.
선생님들도 그런 애니가 너무 대견스러웠다.

애니는 더할 수 없이
행복한 날들을 보냈다.

어느새 열아홉 살이 된 애니는
마침내 퍼킨스 학교에서의 졸업을 눈앞에 두고 있었다.

애니는 1886년의 18명 졸업생 가운데
가장 뛰어난 성적을 거두었다.

애니는 그 해의 졸업생을
대표해 고별사를 읽게 되었다.

…한 사람이 이루어 낸
자기 수양은 더 이상
그 한 사람만의 것이 아닌

우리 모두의 것이기
때문입니다. 아름다운 세상,
행복한 세상을 만들기 위해
우리들은 이제 하나가 되어
최선을 다 할 것을
약속드리려 합니다.

이 자리에 함께 해 주신
여러분께 진심으로
감사드립니다.

헬렌 켈러

1880년 6월 27일, 헬렌 켈러는 앨라배마 주 남부 터스컴비아의 한 작은 마을에서 태어났다. 부유한 집안에서 부모님의 사랑을 한껏 받으며 자란 헬렌은 어느새 걸음마도 할 줄 알게 되었고, 한두 마디씩 말도 하기 시작했다.

그러던 1882년의 어느 봄날, 헬렌은 알 수 없는 병에 걸리고 말았다.

몇 날 며칠을 끓는 듯한 고열에 시달렸으며 밥도 제대로 먹을 수 없었다.

당시에는 의술도 미약했고, 약 또한 변변치 못했지만

다행히도 헬렌은 병을 이겨내었다.

하지만 헬렌의 몸은 이전처럼 온전한 상태가 아니였다.
끔찍한 병을 앓느라 몸이 쇠약해진 헬렌은 그 후유증으로 그만 앞을 볼 수도,
들을 수도 없게 되고 만 것이었다.

바깥세상과의 연결 수단인
보고 듣는 감각을 잃어버린 채,

어느새 헬렌은
10살이 넘어 있었다.

헬렌은 자신을 가둔
어둠과 적막을 무너뜨리려
끊임없이 두드렸다.

하지만 그들의 존재는
너무나도 견고했다.

날이 갈수록 헬렌의
신경질적인 반응은 점점 더
늘어갔다.

헬렌은 자신이 누구인지도 무엇을 원하는지도 알 수 없었다.
볼 수 없음과 들을 수 없음은 헬렌의 판단 능력마저 앗아가 버렸다.
이따금씩 알아들을 수 없는 소리를 질러댔지만 그것은 단지 본능에 가까운 행동일 뿐,
자신이 화를 내고 있다는 사실조차 인식하지 못했다.

아무래도 다른 곳으로
보내야 할까 보오.

그렇지만 여보…

아!!

그래요.

퍼킨스 장애인 학교에 가 보는 게 좋겠어요.

수화를 사용해서 아이들을 가르친다는 이야기를 들었어요.

어쩌면 그곳 선생님들께서 우리 헬렌을 도와줄 수 있을 거예요.

포기하지 말아요, 우리 헬렌에게도 아직 기회가 있을 거예요.

하지만…

여보!!

알겠소.

......

이를 어쩐다…

!

애니!

교장 선생님은 마침 일자리를 찾고 있는 중인 애니가 떠올랐다.

사랑하는 애니, 잘 지내고 있는지 궁금하구나.
마침 네게 적당하다 싶은 일자리 제의가 들어와 급하게 편지를 쓴다.
켈러 씨라는 분의 집에 가정교사로 들어가 그분의 딸을 가르치는 일이란다.
그 아이는 앞도 못 보고, 말도 못 하고, 듣지도 못 하는 어린 아이란다.
동봉한 편지 잘 읽어 보고, 가능한 한 빨리 네 생각을 알려 주기 바란다.
잘 지내거라.

내가…

해낼 수 있을까?

헬렌 켈러와의 만남

1887년 3월 3일,
작은 마을인 터스컴비아의 시골길을 한 대의 마차가
재촉하듯 달리고 있었다.

네가 헬렌이구나, 그렇지?

내가 오는 걸 알고 벌써부터 있었던 거니?
예민한 손을 가지고 있구나, 헬렌.

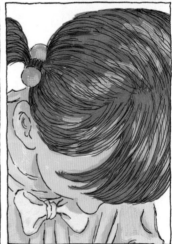

애니는 헬렌과의 첫 만남에서
마음속 한켠에 작은 희망이
싹터옴을 느꼈다.

인형

딸칵!

어쩌지?
뭘 어떻게 시작해야
할지 모르겠어…

보스턴을 떠나기 전날,
퍼킨스 학교의 학생들이 애니에게
선물한 인형이었다.

장난꾸러기 우리 꼬마 아가씨는
보물찾기를 좋아하나 보네.

헬렌!!

선생님방에 함부로
들어와서는 이게
무슨 짓이니!!

괜찮아요.
그냥 두세요.

그래도…

하루라도 빨리 헬렌과 친해
진다면 더 좋은 일이니까요.

그렇지, 헬렌?

인형?

아, 그래!
인형부터 시작하는 거야.

158

애니는 헬렌의 손바닥 위에
'ㅇ, ㅣ, ㄴ, ㅎ, ㅕ, ㅇ' 이라는 글자를
차례차례 썼다.

헬렌은 잡힌 손을 빼내려 했다.
하지만 손을 잡혔다는 불안감보다 인형에 대한
호기심이 더 강했던 헬렌은 애니에게
한 손을 맡긴 채 가만히 있었다.

'ㅇ, ㅣ, ㄴ, ㅎ, ㅕ, ㅇ'
애니는 헬렌의 손바닥에다 인형이라는 글자를 썼다.
그리고는 헬렌이 품에 안고 있는 인형의 머리를 쓰다듬으며,
헬렌이 자신이 들고있는 인형을 떠올려주길 바랐다.
애니는 쓰고 만지기를 계속해서 되풀이 했다.

뭘 하시는 거죠?

글자예요.

헬렌의 손바닥에 글자를 쓰고 있어요.

헬렌은 모든 걸 오직 자신의 두 손에 의지하고 있어요. 두 손이 곧 헬렌의 눈과 귀인 것이죠.

감각이 뛰어난 아이들은 몇 번의 반복만으로도 글자의 형태를 금방 외울 수 있어요.

손바닥에 쓴 글자와 품에 안고 있는 인형을 서로 연관지어 생각할 수 있게끔 도와주는 것이 지금부터 제가 해야 할 일인거죠.

아!!

보세요!!!

조금 전 제가 했던 움직임을 헬렌이 똑같이 따라하고 있어요.

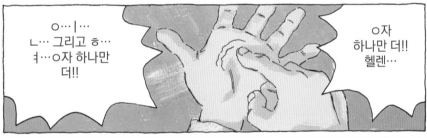

ㅇ…ㅣ… ㄴ… 그리고 ㅎ… ㅕ…ㅇ자 하나만 더!!

ㅇ자 하나만 더!! 헬렌…

지금은 단지 원숭이가 하듯
흉내를 내고 있을 뿐이에요.

글자를 나타내는 손가락 놀림이
자신이 안고 있는 인형을 뜻한다는
것까지는 이해하지 못해요.

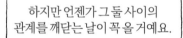

하지만 언젠가 그 둘 사이의
관계를 깨닫는 날이 꼭 올 거예요.

애니는 헬렌의 손바닥에 '인형'이라는 글자를 쓰고는 다시 인형을 돌려 줄 생각이었다.
반복하다 보면 헬렌의 생각 속에 '인형'이라는 글자와
실제 인형을 함께 떠올리지 않을까 해서였다.
하지만 헬렌은 애니의 그런 의도를 이해할 수 없었다.
단지 낯선 사람이 자신에게서 인형을 빼앗아 갔다는 사실만을 이해할 뿐이었다.
그리고 그것은 헬렌에게 있어서 너무나 큰 충격이었다.

애니는 한 순간 까맣게 잊고 있었던
자신의 어릴 적 모습을 보았다.

으아아아!!

그만하세요,
인형을 헬렌에게
돌려주세요!!

안 돼요!!

지금 그렇게 하면,
헬렌은 앞으로도 계속 저에게
대들기만 할 뿐이에요.

매번 이런식이라면
제가 어떻게 가르칠 수
있겠어요?

하지만 헬렌을 달래려면
원하는 걸 들어주는
방법 밖에는 없는 걸요.

그렇지 않아요!
분명 다른 방법이 있을 거예요.

헬렌은 도대체 길들여진다는
것을 받아들일 줄 몰라요.
우리라고 왜 해보지 않았겠어요?

그렇다면 제게
한 가지 과제가
더 주어진 거군요.

우선은 이런 헬렌의
성격부터 뜯어
고쳐놔야 겠어요.

둘의 힘겨루기는 어느 쪽도 결코
양보할 것 같지가 않았다.

하지만 시간이 지나자,
헬렌의 기세가 수그러드는 듯해 보였다.

헬렌!!
헬렌!!

……

그래, 이번엔 네가
이겼다. 내가 너무
성급했는지도
모르겠고.

하지만 내 생각이 틀렸다고는
생각지 않아. 조급하게
서두르지 않겠어.

천천히,
하나씩 하나씩!!
그렇지? 헬렌?

시간이 지날수록 애니는 자신의 생각보다
헬렌의 상황은 훨씬 더 나쁘다는 것을 깨달았다.

세상에…

저 아이는 너무나
제멋대로 자랐어.

사실이었다.
지난 5년 동안, 단지 가엾다는 생각에 가족들 모두가
지나칠 정도로 헬렌의 응석를 받아 주었던 것이다.
그리고 그것이 헬렌을 자신밖에 모르는 어린 폭군으로 만들고 말았던 것이다.

헬렌의 거친 행동에는 또 다른 원인도 있었다.
두려움이었다. 지난 5년 동안 단 한번도 겪어 보지 못했던 통제였다.
누군가 자신을 통제하려 한다는 느낌을 헬렌은 견딜 수가 없었다.

그렇게 어린 헬렌은 보이지 않고 들리지 않는
텅 빈 어둠의 세계에서 혼자 싸우고 있었다.

영리한 아이

헬렌은 아주 영리한 아이였다.

어느 날 헬렌은 자신을
괴롭히는 낯선
이방인으로부터
벗어날 기막힌 방법을
생각해냈다.

헬렌, 요 말썽꾸러기.

이번엔 또 무슨 짓을
벌일 속셈이지?

탁!

?

아,

열쇠…

…를 깜박했다.

그래!!

해보자 이거냐?
너 사람 잘못 건드린 거야!!

나도 고집이라면 누구한테도
져본 적 없거든, 웃기고 있어!!

오늘 누가 이기나
끝장을 보자!!

두고 봐!!

수강료도 두 배로
받아낼 테니까!!

후~ 그럭저럭 건너갈수 있겠다.

헬렌, 너 잡히기만 해!!

슉!!

헬렌??

탁!!

철컥!!

애니 선생님??

아, 아주머니!!
사다리요, 사다리!!

사다리는 왜요?

왜 라니요!!!
보면 몰라요???

쓸데없는 오해는
가급적 삼가 해주셨으면
하는 바람이…

헬렌이요!!
헬렌 켈러!!!

180

예? 우리 헬렌이 그런 짓을…

그러고도 남는다고 생각 되거든요.

말도 안 돼요. 어떻게 그런…

그 말도 안 되는 행동들을 저지르는게 아이들이죠.

그럴 리가 없어요. 어떻게 우리 착한 헬렌이…

그 착한 헬렌, 착한 헬렌 그만 좀 하세요!!

계속 그런 식이면 헬렌은 점점 더 삐뚤어 지기만 할 뿐이라구요.

애니 선생님?

헬~렌~!!!

잡히기만 해 봐!
가만 안 둘 거야!!

그렇지만
다행이에요.

?

사실, 어릴 때 앓은 병이 헬렌의
지능발달에 나쁜 영향을
끼치지는 않았을까
걱정했었거든요.

오늘 일로 헬렌의 지능발달에는 아무런
문제가 없음이 확실해졌으니까요.

헬렌!!

힘겨루기

헬렌과 애니 사이의 힘겨루기는 하루도 쉬지 않고 계속되었다.
결국 물러나는 건 언제나 애니였지만 애니는 결코 포기하지 않았다.
그리고 그럴 때마다 애니는 "조금만 더! 헬렌은 분명 해낼 수 있을 거야!"하고
마음속으로 다짐했다. 그러던 어느 날, 아침식사 시간의 일이었다.
그 날의 애니는 한 가지 결심을 굳히고 있었다.

헬렌은 나이프나 포크 또는 스푼을 사용하는
방법을 몰랐다.

아니, 헬렌은 결코
그것들을 사용하려
들지 않았다.

콩~
콩~

덥썩!

헬렌은 언제나처럼 식탁 주위를 휘젓고 다니며
자신이 좋아하는 것들을 찾아 맨손으로 집어먹고 있었다.

지금 뭐하는 겁니까?
설리번 양!!

제 소세지를
지키고 있을
뿐입니다.

설리번 양,
그 아이는 단지
철없는 어린 아이에
불과하오. 더구나
보지도 못하고 듣지도
못하는 가련한 아이일
뿐이란 말이오.

가뜩이나 힘든 헬렌에게
쓸데없는 고집은
그만두시오.

켈러 씨, 저도 헬렌이 괴로움을 겪고 있다는 것을 알고 있습니다.

우왁!!

하지만, 그런 동정심이 헬렌을 고집불통의 아이로 만들고 말았습니다.

더는 두고 볼 수 없습니다.

내 집에 머무는 한, 어느 누구도 헬렌에게서 먹을 것을 빼앗을 수는 없소.

제가 헬렌을 맡고 있는 한, 제 접시에서 맨손으로 음식을 집어 가도록 내버려 둘 수는 없어요.

설리번 양, 다시 한 번 말하건대 나는 헬렌이 누군가에게 간섭받는 모습은 보기 싫소.

그렇다면, 이 방에서 나가시는 수밖에 없겠군요.

설리번 양!!

여보, 이미 애니 선생님의 방식대로 헬렌을 가르칠 수 있게 하겠다고 약속했잖아요.

우리가 생각하듯 그렇게 나쁜 처사만은 아닐 거예요.

당연히 그래야 하고, 무엇보다 헬렌을 위해서 하는 일이잖아요. 그러니까 여보…

잠시 후,
식당에는 헬렌과 애니
두 사람만 남게 되었다.

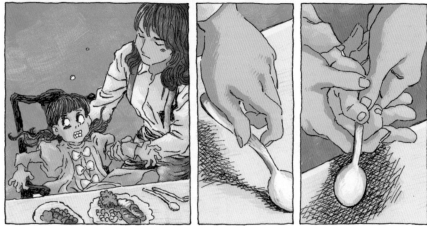

190

파각~

헬렌, 널 괴롭히려고
이러는게 아니란다.
나도 너만큼 마음이 아프단다.

두 사람의 고집스런 힘겨루기는
한동안 계속되었다. 헬렌은 비명을 지르며
마룻바닥위를 뒹굴었고

애니는 그런 헬렌을 식탁의자에 똑바로
앉히고는 계속해서 숟가락을 쥐어주었다.

"모두들 어디 간 거야? 엄마, 아빠는 어디 있지?
왜 내 편을 들어주지 않는거야?"

"이 사람은 어째서 날 가만히
내버려 두지 않는거야!!"

시간이 흐를수록 헬렌은 점점 더
배가 고파왔다.

꼬르륵

그래,
그렇게 하는 거야,
헬렌!!!

티캉~

탕!!

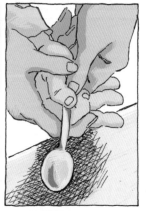

집어 던지고 싶다면 얼마든지 던져, 이 고집쟁이 꼬마 아가씨야!

하지만 나도 고집 세기로는 누구에게도 지지 않거든.

다행히 너보다 힘도 조금 더 세고 말이지.

지금 당장은 내가 죽도록 밉겠지.

하지만 언젠가 조금 더 고집 세고 조금 더 힘이 셌던 내가 네 곁에 있었다는 걸 고마워할 날이 꼭 있을 거야, 헬렌.

자, 우리 한 번 더 고생해보자.

뜻밖에도 헬렌은 별 저항 없이 스푼을 사용해서 식사를 하기 시작했다.

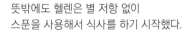

사실 배도 무척 고팠고, 더 이상 대들 힘도 없었던 헬렌이었다.

상황은 비로소 조금씩 애니에게 기울기 시작했다.

주어진 시간

"내 판단이 잘못된
것일까?"

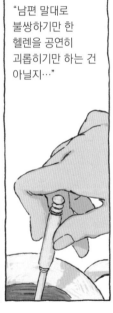

"남편 말대로
불쌍하기만 한
헬렌을 공연히
괴롭히기만 하는 건
아닐지…"

참을 만큼 참았소.

설리번 양을
그만 내보냅시다.

안 돼요, 조금만 더요,
네? 여보…

"어쩌지? 더는 남편을
설득시킬 자신도 없는데…"

여기 계셨군요.

드릴 말씀이 있어요.

저도 마침
이야기를 나누
고 싶었어요.

아무래도…

헬렌을 데리고 당분간 이 집을
떠나 있는 것이 좋겠어요.

예?

헬렌을 가족과 떼어
놓아야만 할 것 같아요.

그렇지 않으면 결국 모든 게
실패로 끝나고 말 거예요.

지금 무슨 말씀을
하시는 건지…

죄송한
말씀입니다만…

그동안 부모님들께서 베풀었던
동정심이 결국 헬렌을 삐뚤어진 아이로
만들고 말았습니다.

이대로라면 헬렌은
저뿐만 아니라 어느 누구의 가르침도
소용없게 되고 말아요.

어떻게든 헬렌이 제 말을 듣고 따르도록 해야만 합니다.

그렇지 않고서야…

그렇지 않고서야 어떻게 제가 저 아이를 가르칠 수 있겠습니까?

오늘 아침과 같은 일이 몇 차례
더 반복되다 보면,

성격은 더욱 거칠어지고
저를 증오하게 될지도 모릅니다.

그때는 모든 것이
끝나버리고 마는 거죠.

이해나 따뜻한
사랑으로써가 아닌

지금의 제 방식이
저도 가슴 아픕니다.

하지만 그렇게라도
하지않는다면,

저 아이는 결국 짐승과 다를 바
없는 삶을 살게 될 뿐이에요.

정말이지…
어찌해야 하는 걸까요?

헬렌이 자신의 방패가 되어 줄
두 분의 존재를 느끼는 한 계속해서
제게 맞서려고 들 거예요.

저와 헬렌 단 둘만이 지낼 수 있는 곳이 필요합니다.

알겠어요,
어떻게든 남편을
설득해 볼게요.

말 같지도 않은 소리!!

아니요, 그것만이 유일한 희망이에요.

당신과 저의 방식은 실패했어요.

아니면 또 다른 방법이라도 있다는 건가요?

보름이요.

그게 내가
설리번 양에게
줄 수 있는 시간의
전부요.

터무니없었다.
그러나 켈러 씨의 단호함에
애니는 어쩔 수 없이 그의 제안을
받아들일 수밖에 없었다.

꿈속에서

다음 날,
집 근처 조그만 오두막에서
두 사람만의 생활이
시작되었다.

처음 며칠 동안은 아무것도
달라질 것 같지 않았다.

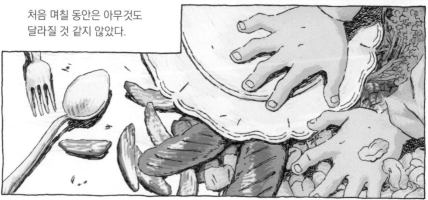

헬렌은 여전히 고집을 꺾지 않았고,
사사건건 애니와 맞섰다.

한바탕 싸움이 끝난 후면
헬렌은 결국 녹초가 되어 나가떨어졌고,
그것은 애니도 마찬가지였다.

212

하루, 이틀, 사흘…

약속한 보름이라는 기한은
무엇 하나 바뀌지 않은 채
그렇게 무의미하게 흘러
가는 듯했다.

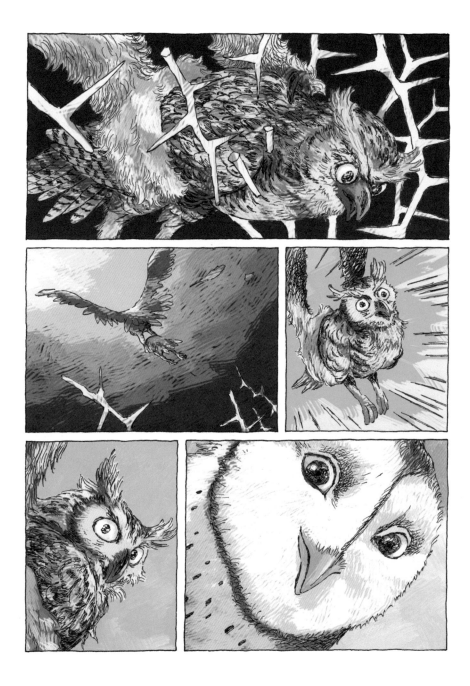

꿈속에서 헬렌은
낯선 이방인의 얼굴을 보았다.

마침내 헬렌은
마음의 문을 열었다.

하지만 애니는
이제부터가 시작이라는
것을 알고 있었다.

꼼지락거리는
헬렌의 작은 손이
애니에게 말을 걸어왔다.

헬렌은 애니가 써준 글자들을
그대로 애니의 손바닥에 옮겨 놓았다.

그것이 무엇을 뜻하는지는 여전히
깨닫지 못한 헬렌이었지만
이 낯선 이방인이 좋아지기 시작했다.

조금만 더, 조금만 더 하자,
헬렌…

애니는 마음이 급했다.
켈러 씨와의 약속된 기한이 벌써
끝나가고 있었기 때문이었다.

218

"지미?"

누나!!

헤헤~ 걱정 마, 나 이제 제법 걸을 수 있다.

두고 봐, 다리 다 나으면 누나랑 달리기 시합할거야.

그래서 내가 이길거야, 각오해!

봐주기 없기.

그래!!

다리 다 나으면 누나랑 달리기 시합하자!!

그래서 지미 네가 누나를 꼭 이겨야 돼, 꼭!!

지미…

일어나, 이 잠꾸러기
꼬마 아가씨야!!!

늦잠자는 버릇 이제는
안 봐줄 거야, 헬렌!!

오늘은 좀 더 특별한 놀이를
할 생각이니까 각오해!!

자자~
밥 먹자, 밥!!!

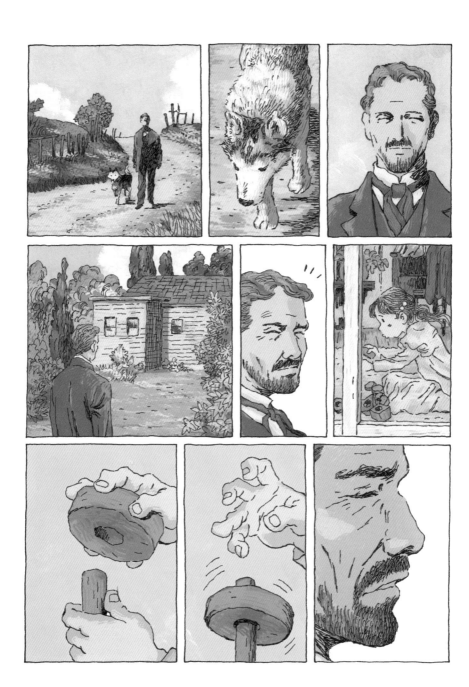

믿을 수가 없군,
헬렌이 저렇게 얌전히 앉아서
누군가와 함께 즐겁게 놀이를
하고 있다니…

내가 잘못 생각했던 것일까?

설리번 양의 방식이
진정 옳았단 말인가?

거의 다 했어, 헬렌!! 조금만 더!!

그간 고생 많았습니다.

약속한 보름이
다 되었군요,
집으로 돌아갈
시간입니다.
설리번 선생님.

설리번 선생님?

어이쿠, 이 녀석!!
그래, 아빠다~

그러고 보니…

헬렌이 내 품으로 뛰어든 게
얼마만인지…

며칠이라도 좋으니 조금 더 시간을 주실 수는 없을까요?

보시다시피 헬렌은 지금 무척 행복해하고 있어요.

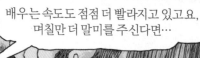

배우는 속도도 점점 더 빨라지고 있고요, 며칠만 더 말미를 주신다면…

그, 글쎄요…

헬렌이 지금 뭘 하고 있는 거죠?

개에게 글자를 가르치려 하다니…

헬렌, 이 녀석…

핫하하하!!

어둠의 벽을
무너뜨린 헬렌 켈러

애니의 방식이 옳았다는 것을 깨달은 켈러 씨는 헬렌에 관한 모든 것을 애니에게 맡겼다.

애니는 그런 켈러 씨의 믿음에 보답하고자 더욱 열심히 헬렌을 가르쳤다.

꽃, 병.

ㄲ, ㄴ, ㅊ, ㅂ, ㅋ, ㅇ…

어느 덧 계절은 바뀌어 들판에는 온갖 들꽃들이 피어나기 시작했다.

그러던 어느 날, 그날따라 유난히 봄 내음이 강했다.

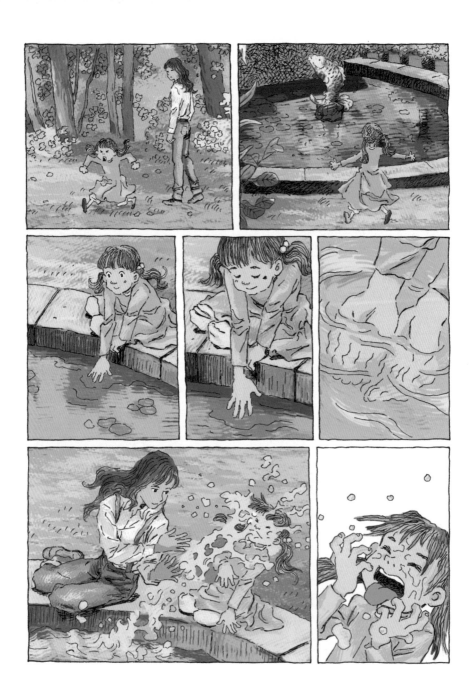

물.

…

"물이란다, 헬렌."

"그리고 네가 가장 좋아하는 이것을 물장난이라고 한단다."

"어때? 참 시원하지?"

"선생님도 어릴 때 물장난 참 좋아했거든, 동생 지미랑 함께…"

헬렌?

혼자만의 세계 속에 갇혀
지내던 어린소녀 헬렌이
드디어 바깥세상과 연결되는
순간이었다.

하늘색이 유난히
고운 날이었다.

누나!!

헬렌 켈러와
앤 설리번의 생애

헬렌 켈러와 앤 설리번

헬렌 켈러의 생애

   헬렌 켈러는 1880년 6월 27일, 앨라배마 주 터스컴비아의 아이비 그린이라는 이름의 한 농장의 저택에서 태어났다. 그녀는 선천적인 시각, 청각 장애인이 아니었다. 생후 19개월, 병원으로부터 성홍열과 뇌막염에 걸려 위와 뇌에서의 급성 출혈이 있다는 진단을 받았다. 그로 인해 그녀는 평생 시각과 청각에 장애를 안고 살아가게 되었다. 그녀가 7살 때 헬렌의 부모님은 벨 박사로부터 퍼킨스 맹아학교를 소개받았다. 그 학교의 교장 선생인 마이클 애나그너스는 시력 감퇴가 있는 20살의 학교 졸업생 앤 설리번에게 헬렌의 가정교사가 되어주기를 요청했다. 앤 설리번은 그 요청을 받아들였고, 이 일은 49년간 이어지는 인연의 시작이었다. 그렇게 그녀는 헬렌의 가정교사가 되었고 자신도 겪었던 아픔을 경험하고 있는 어린 헬렌을 위해 지속적인 관심과 애정으로 가르침에 노력을 기울였고 나중에는 그녀의 동반자로서 함께하게 된다.

1888년 5월 초, 헬렌은 퍼킨스 맹아학교에 등록하였다. 1894년에는 헬렌 켈러와 앤 설리번이 라이트 휴머슨 청각 장애 학교와 호레스 만 청각 장애 학교를 다니기 위해 뉴욕으로 이사했고 1896년에는 매사추세츠로 돌아가 케임브리지 여학교를 다녔다. 그 후 1900년, 헬렌은 래드클리프 대학교 입학을 허가받았다. 시간이 흐르고 1904년, 24살이 된 헬렌 켈러는 래드클리프 대학에서 시청각장애인으로서 최초로 학사학위를 받으며 졸업했다. 그녀는 당시 독일어를 비롯해 5개의 언어를 구사했다고 한다.

헬렌 켈러라고 하면 장애를 극복한 장애인 여성으로만 생각하지만, 역사 속에서의 헬렌은 사회운동을 실천한 사회주의 지식인이었다. 헬렌 켈러는 세계적으로 유명한 작가이자 연설가로 사람들에게 알려졌으며 그녀는 현재 많은 장애 속에 살아가는 사람들을 아꼈던 지지자로 많이 기억되고 있다. 그녀는 여성 참정권론자이자 평화주의자, 미국 대통령 우드로 윌슨의 반대자였으며 또한 급진적인 사회주의자에 여성 피임 지원자이기도 했다. 1915년, 헬렌 켈러와 조지 케슬러는 '헬렌 켈러 인터내셔널'이라는 단체를 설립했다. 이 단체는 비전과 건강, 영양 연구에 힘 쏟았으며, 1920년에는 그녀가 미국 자유 인권 협회(ACLU)의 설립을 도왔다.

헬렌 켈러는 1961년부터 뇌졸중에 시달렸고 이로 인해 그녀는 여년을 집에서만 보내게 되었다.

1964년 9월 14일, 미국의 대통령인 린든 존슨은 헬렌 켈러에게 가장 높은 두 개의 훈장 중 하나인 '대통령 훈장'을 수여했다. 1965년, 헬렌 켈러는 '뉴욕 세계 박람회'에서 '미국 여성 명예의 전당'에 뽑혔다.

헬렌 켈러는 '미국 시각 장애인 재단'의 기부 활성화를 위해 헌신했고, 말년을 미국 맹인 재단에 자금을 제공하는 일에 온 힘 쏟았다. 그녀는 1968년 6월 1일 향년 88세의 나이로 코네티컷, 웨스트포드의 아컨 리지(Arcan Ridge)에 위치한 그녀의 집에서 숨을 거뒀다. 장례식은 워싱턴 D.C.에 위치한 성공회 대성당인 워싱턴 국립 대성당(Washington National Cardinal)에서 행해졌으며 그녀의 유해는 영원한 동료이자 선생이었던 앤 설리번의 옆에 놓였다.

앤 설리번의 생애

   앤 설리번은 1866년 매사추세츠 주 피딩힐스에서 태어났다. 그녀의 아버지는 알코올 중독이었으며 앤 설리번은 자신의 아버지로부터 간혹 학대를 당하기까지 했다. 그러나 그런 아버지로부터 앤 설리번은 아일랜드의 전통과 풍속을 이어받았다. 한편 그녀의 어머니는 결핵으로 인해 앤 설리번이 여덟 살 되는 해 죽었고 그리하여 그녀는 어린 나이에 친척에게 맡겨지게 되었다. 얼마간의 시간이 흐른 뒤 그녀의 친척들은 그녀의 건강한 여동생만 돌보기로 결정했고 그녀와 남동생은 매사추세츠 주립 병원에 버려지게 되었다. 안타깝게도 그녀의 남동생 역시 결핵과의 사투를 피하지 못했고, 앤 설리번은 어린 시절의 대부분을 아픈 남동생을 간호하며 보냈으나 끝내 남동생 지미는 어머니의 곁으로 갔다.

   앤 설리번 역시 건강에 문제가 있었다. 이미 다섯 살 때 트라코마에 감염되었고 해를 거듭할수록 시각에 이상 현상이 더해짐을 느꼈다. 그녀가 걸린 바이러스 감염에 의한 질병은 자칫하면 시각을 상실할 수도 있는 병이었다. 후일 인근 병원에서 사목하던 로마 가톨릭 교회 사제 바바라 신부는 그녀를 그의 병원에 데려가 재수술하였지만 수술에 들어가기 전 마취를 위해 그녀의 눈에 코카인을 주입한 게 화근이 되어, 그녀의 시력은 더욱 나빠지게 되었다. 그 후 바바라 신부는 보스턴 시립 병원으로 그녀를 데려가 두 번의 재수술을 하였으나 그녀의 시력은 사물을 흐릿하게 볼 수 있는 이상으론 회복되지 못했다. 이러한 상황에 놓인 설리번은 1880년 퍼킨스 맹아학교에 입학하였다. 맹아학교에 다니며 그녀는 다시 한 번 수술을 받아 시력을 회복하는데 성공하였고, 1886년 졸업식 때 그녀는 졸업생들을 대표해 연설을 하며 무사히 학교를 졸업할 수 있었다.

졸업 후 1년이 시간이 흐르고 1887년 퍼킨스 맹아학교의 교장인 마이클 애나그너스는 앤 설리번을 헬렌 켈러의 교사로 위촉하였다.

그녀는 1887년 3월, 헬렌의 집에 도착하여 곧바로 헬렌을 가르치기 시작했다. 그녀는 단어의 스펠링을 헬렌의 손에 적어주는 방식을 반복하였다. 헬렌은 그녀의 노력으로 한 달이 지나자 의사소통 방식에서 크게 발전한 모습을 보였고 그녀는 그런 헬렌의 모습을 보며 더욱 더 가르침에 힘썼다. 차갑고 쥐어지지 않는 물을 헬렌의 손에 틀어주고 느끼게 하였으며 '물(water)'이라는 단어를 손바닥에 써주고 연상시키는 행동을 끊임없이 반복했다. 이런 정성어린 가르침과 수용을 반복하며 설리번과 헬렌은 세상의 다른 사물들을 익히는 데 시간을 쏟았다. 마침내 1888년 앤 설리번과 헬렌 켈러는 퍼킨스 맹아학교에 함께 등교하였으며, 래드클리프 대학까지 함께 진학할 수 있었다.

그 후 앤 설리번은 자신의 삶에서 또 다른 누군가의 삶을 재탄생시키는 훌륭한 자취를 남긴 채 1936년 10월 20일 뉴욕 주 포레스트 힐에서 영원히 눈을 감았다.